U0112107

大展好書　好書大展
品嘗好書・冠群可期

運動精進叢書 10

籃球技巧圖解

許 博 編著

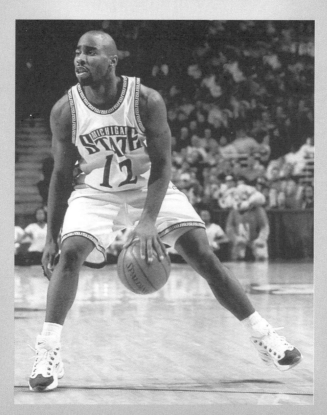

大展出版社有限公司

國家圖書館出版品預行編目資料

籃球技巧圖解 / 許 博 編著
－初版－臺北市：大展，2006【民95】
面；21 公分－（運動精進叢書；10）
ISBN 978-957-468-477-9（平裝）
1. 籃球
528.952　　　　　　　　　　　95011332

籃球技巧圖解

編 著 者／許　　博
責任編輯／秦　德　斌
發 行 人／蔡　森　明
出 版 者／大展出版社有限公司
社　　　址／台北市北投區（石牌）致遠一路 2 段 12 巷 1 號
電　　　話／(02) 28236031・28236033・28233123
傳　　　真／(02) 28272069
郵政劃撥／01669551
網　　　址／www.dah-jaan.com.tw
E-mail／service@dah-jaan.com.tw
登 記 證／局版臺業字第 2171 號
承 印 者／傳興印刷有限公司
裝　　　訂／眾友企業公司
排 版 者／弘益電腦排版有限公司
授 權 者／北京體育大學出版社
初版 1 刷／2006 年（民 95 年）8 月
初版 3 刷／2010 年（民 99 年）6 月　　　　　　　定價／220 元

目 錄

4

目錄

內容介紹

A 通俗易懂的文字

　　從讀者的需求出發，用最通俗易懂的文字深入淺出地介紹籃球運動的基本知識和基本技術，使讀者一看就懂，一練就會，是籃球入門的最佳教材。

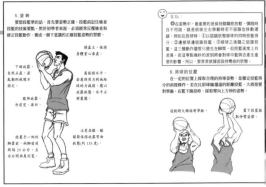

B 生動形象的動作圖解

　　以詳細準確的連續的動作圖解形式，說明各種籃球技術動作的要點。圖示生動形象，要點簡明扼要，動作一目了然。

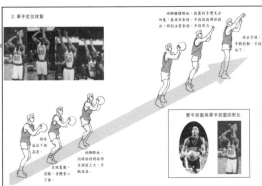

C 全面圖釋名將絕招

　　賈巴、邁克・喬丹、湯馬斯、歐文、巴克利、威爾金斯、溫斯・卡特等多位NBA超級球星成名絕技詳盡的動作圖解。

第

投籃技術

1

章

第 *1* 章　投籃技術

　　投籃是籃球運動的主要進攻技術，是得分的唯一手段。一切技術、戰術運用的目的，都是為了創造更多的投籃機會，力爭投中得分。為此，掌握和運用好投籃技術，不斷提高投籃命中率，是比賽中取勝的最重要課題。

一　投籃的基本要素

1. 準備姿勢

A 先做好準備動作，面對籃板站好，雙膝微屈，以手指托起球，手肘向內與地面垂直。

B 在瞄準的過程中，雙腳下推產生類似腳部彈起打直的動作，但不跳起來，讓雙腿提供出手的力量，並利用手臂來控制方向。

C 出手後手臂伸直，手腕下壓，給球良好的後旋力量。

2.持球方法

在持球時最關鍵的是手指如何分開,若把中指的力作為第1、食指第2、大拇指第3、無名指1/2、小指1/3的話,那麼對球施加均等的力,就必須注意手指的分開方法,使拇指和食指的間隔相當於食指和中指間隔的2倍。張大手並用手指控球。一旦失去這種平衡,球就會飛不遠而且難以控制。

用手指持球

球兩側的十字線橫放在地板上,把投球手的手腕對準球正上方的線,然後用力分開手指用手握球。

3.投球手和扶球手

我們一般把投籃的手稱為投球手,另一隻手叫做輔助手或扶球手。兩手拇指間隔6~9公分,扶球手扶住球的稍側部分來支撐住球。如果大拇指間隔過窄,球容易掉落;如果過寬則不好投出。

兩手的大拇指間隔為6~9公分。

扶球手　投球手

在手臂伸展
的同時抖腕撥指
將球彈出

4.球的出手方法

　　球絕不是單靠力量去推，
而是放鬆肘關節，在手臂伸
展的同時抖腕撥指將球彈
出。這樣球就會旋轉著輕鬆
地飛向遠處。

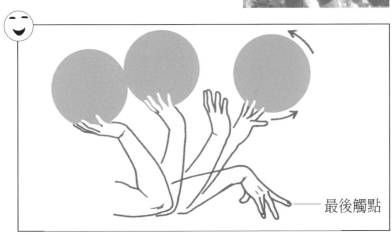

最後觸點

5.姿 勢

要想投籃準的話，首先要姿勢正確。投籃前記住檢查投籃的技術要點。對於初學者來說，必須經常反覆檢查和修正投籃動作，養成一個下意識的正確投籃姿勢的習慣。

頭直立，保持身體重心垂直。

下頷放鬆，自然正直，若亂動則視線不固定。

肩保持水平，若肩頸用力則施給球的力減弱，應以放鬆狀態，水平正對籃圈。

腹部放鬆，勿前突、後凹。

注意屈膝。膝關節保持放鬆彎曲狀態(約 135 度)。

投籃手一側的腳置前，兩腳前後間隔 20 公分，左右分開與肩同寬。

要點：

●在姿勢中，最重要的是保持膝關節放鬆，彈跳時自不用說，就是前後左右移動時若不屈膝也移動遲緩。例如在投球時：①以屈腿狀態接球的同時投籃得分；②邊接球邊屈膝投籃；③接球之後隨之屈膝投籃。這三種動作儘管只發生在瞬間，但投籃速度上有差異，而這零點幾秒的差別將會對球中籃與否產生重要的影響，所以，要常常使膝部保持彎曲的狀態。

6.持球的位置

在一定的位置上採取合理的持球姿勢，是穩定投籃得分的前提條件。若在比罰球線還遠的距離投籃，大拇指要對準臉。在籃下跳投時，採取臂向上方伸的姿勢。

遠投時大拇指對準臉。

籃下投籃採取伸臂姿勢。

7.瞄 籃

　　看整個籃圈則難以投中，集中盯住籃圈的一點是很重要的。所謂一點是指籃圈前沿。我們一般以使球輕輕地穿過籃圈為目標。

視線集中在
籃圈前沿。

8.呼 吸

　　在投籃瞬間屏住呼吸，集中注意力把球投出。呼氣或吸氣都易使身體晃動，方向不穩。

9.手腕和肘

　　前臂(從手腕到肘)與地面垂直，投球手大拇指挨近鼻梁，直接向上方抬起時把球投出。投球瞬間上臂和手掌與地板平行，屈腕(約90度)外展。

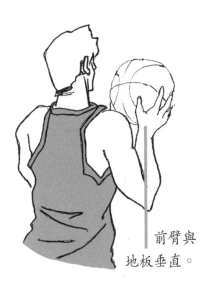

前臂與
地板垂直。

使大拇指貼近鼻
梁把球投出。

上臂與
手掌平行。

10. 球出手

　　若把投球的手臂完全伸直比喻為 100 的話，則在一半即 50 的位置時出手。歐美多數高大球員一般在 70 的位置球出手。但一般來說，如果出手晚，則球速會變得既慢而且動作不舒展。所以早點出手，稍用力就會投出動作舒展的球，從而減少被封蓋的危險。

　　提早出手。當手臂伸到一半時，從手指根部到指尖一氣呵成，球輕鬆出手。

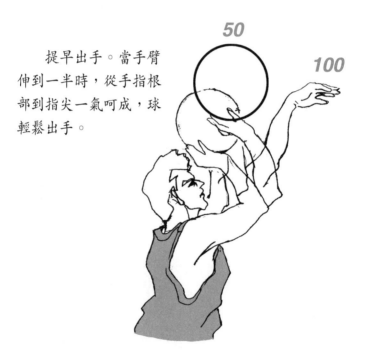

11. 投籃的弧度

　　投出的球弧度越高，越能落入直徑 45 公分的籃圈內，弧度若低就會碰到籃圈反彈回來，最理想的角度是 45～50度。

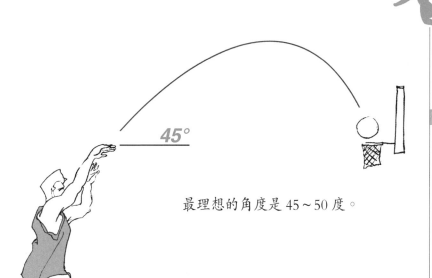

45°

最理想的角度是 45～50 度。

球出手後手臂貼著臉頰，這樣容易使球保持 45～50 度的弧線。

12. 球的旋轉

手腕和手指輕輕抖動，使球旋轉，投出的球就會旋轉。其理由是球旋轉則減少空氣阻力，對球施加推力，球就變得很柔和地往前走。在球碰到籃圈時，若球是旋轉的，就會有被籃圈吸進的可能；反之若球不轉，則經常出現被反彈回來的情況。

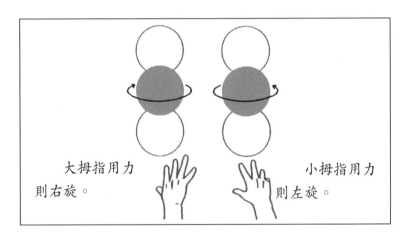

大拇指用力則右旋。

小拇指用力則左旋。

投籃距離與球旋轉數

投籃區域（位置）	到籃板距離	球旋轉數	到達時間
籃　下	2.8 公尺以內	1 次	0.3 秒
罰球線距離	4.3 公尺	1.5 次	0.5 秒
罰球線和 3 分線之間	5.5 公尺	2 次以上	1 秒
3 分投籃距離	6.25 公尺以上	2.5 次以上	1.3～1.5 秒

13. 投籃高度和距離

　　投籃的三大要素是高度、速度、距離。高度和速度是由手腕和手指的抖動決定的，距離則由膝和肘的動作來決定。出手俐落的投籃，是其膝關節彎曲角度和肘、手腕、手指的運動配合成一個動作把球投出，這是投球中籃的關鍵。

　　投籃的高度和速度是由手腕和手指決定的。抖動手腕、手指，則球可飛得更快更高。

　　投籃的距離是由膝、肘的彎曲程度決定的。適當屈膝，肘伸到一半時即把球投出，則球飛得較遠。

14. 跟隨動作

籃球的跟隨動作是指球在空中飛行時手臂的伸直動作。這時投球手和輔助手要一起伸出，賦予球全力。投籃之後，必須要養成伸臂看球的習慣。

球未進入籃圈
前不要放下手臂，
食指指向籃圈前，
輔助手也要伸出。

拉里・伯德

15. 落地

投籃後，身體會不自主地向前移動，但最遠不要超出20公分。若使用球進籃的力以外多餘的力投球，就會跳起往前衝得很多，對此應探明原因，想法解決。

落地後前衝不能超出20公分。若做出正確的投籃姿勢，身體是不會前衝的。

邁克·喬丹

16.投籃後的跟進

　　要養成投籃不中後馬上搶籃板球二次進攻的習慣，投籃成功得分後全速回防，轉移到下次進攻。

投籃後快速回防。　　　　　　　　　　參與爭搶籃板球

二 投籃的基本要點

投籃時最關鍵的要做到控制身體平衡，集中注意力，堅定投籃的信心。

1.雙腿叉開，正對籃筐

在跳投之前，首先要檢查一下自己的站姿是否正確。正確的姿勢是：雙腿叉開，與肩同寬，這樣既能保持穩定的站立姿勢，又能根據情況進退自如。

其次是檢查自己的身體是否正對籃筐，這是為保證投籃的命中率最基本也是最重要的一個環節。

2.垂直起跳

跳投的基本動作和定點投籃基本一樣。其關鍵是起跳後能否保持住身體的平衡。起跳前要做到一手持球，一手扶球，瞄準籃筐，然後雙腿適度彎曲，垂直向上跳起。注意落地時必須落回原地。

只有熟練掌握定點跳投技巧，才能去練習行進間跳投、轉體跳投及後仰跳投等高難度投籃動作。

3.手腕與手臂、手臂與肘部都呈「L」字形狀

保持正確的投籃姿勢，還有非常關鍵的一點，就是從正面看時，持球手的手腕、手臂及肘部要和球在一條直線上。同時，手腕與手臂、手臂與肘部之間要形成兩個相對的「L」形狀。

4.注意球感

出手投籃時，別忘了加進讓球適度迴旋的動作，因為這將影響出手後的角度。至於使球迴旋的力度，要視投籃

點的遠近來定。憑藉出手後的感覺(也稱球感)，可以判斷出球是否沿著正確的軌道前行。

　　球感是透過訓練而培養的一種本能的感覺，只要在訓練中不斷摸索、體會，你一定會找到自己的球感。

　　5.球出手後要沿著一條弧線軌跡

　　投出去的球是否能準確命中籃筐，要注意觀察球出手後的軌跡是否呈一條弧線。

　　●投籃時最關鍵的有三點：

　　控制、集中、自信。平時要想著這三點去練習。

　　●一次一次集中注意力投籃：

　　失誤時要想一想究竟是哪兒的原因。養成這個習慣是非常重要的。即使平常練習也要看做是比賽結束前扭轉乾坤的一投。要集中精力投籃。

　　●投籃不準的調整：

　　比賽有時會因環境的變化及緊張而影響情緒狀態。此時，要保持平靜的心理狀態。調整投籃，檢查一下大拇指的位置、手腕、肘、膝、兩腳的站立姿勢等，找出並修正影響情緒狀態的地方。

　　●投籃的競技狀態的調整：

　　穩定心情、集中注意力是至關重要的。精神鬆懈則膝關節彎曲不夠；壓力太大則心情緊張；肩、頸用力過猛、僵硬，投出的球不會充分旋轉，又低又慢。

手臂充分伸出，在
一半的位置球出手。

投籃的成功與否由
食指內側的最後撥球點
來決定。

扶球手同投球
手一起伸出。

手臂貼臉，出
手角度為45°，使球
飛行並呈一弧線，
賦予球全力。

開始投籃時，手背和
上臂與地板平行。

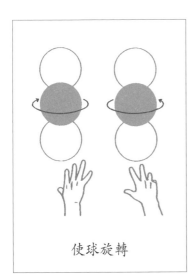

使球旋轉

垂直起跳

三 原地投籃

原地投籃是最基本的投籃方法，它是行進間和跳起投籃的基礎。這種投籃方法身體比較平穩，便於身體協調用力，是一種比較容易掌握的投籃技術。它具有出手點高、便於結合其他技術動作、能在不同距離和位置上運用的特點。

1.雙手定位投籃

屈膝，身體重心下降，手腕略向下翻。

兩腳稍靠近，平行（或稍前後）站立。

球出手後，兩腳稍離地，手腕向前翻。

兩腳蹬地，兩臂向前上方伸展，最後由拇指、食指、中指指端將球投出。

●教學訓練時，一開始持球即應成第2動的姿勢，不應像第1動那樣兩腳直立再屈膝，以減少投籃的準備時間。

2.單手定位投籃

持球
接近下頦
高度。

目視籃圈，
屈膝，身體重心
下降。

兩腳蹬地，
同時抬肘將球移
至頭前上方，手
腕後屈。

兩腳繼續蹬地，投籃的手臂充分伸展，最後由食指、中指指端將球投出；特別注意食指、中指用力。

球出手後，手腕前翻，手指向下。

雙手投籃與單手投籃的對比

第 *1* 章　投籃技術

3.一拍投籃

動作共 1 拍。接球後立刻投籃，球好像極短地由球員的手，瞬間投籃。

4.二拍投籃

動作共 2 拍。接球後持球做投籃姿勢，然後瞄準投籃。

5.三拍投籃

動作共 3 拍。接球做假動作，然後投籃。

四　跳起投籃

跳起單手投籃是籃球比賽中使用最多的投籃技術，它具有突然性強、出手點高和不易防守的優點。可與傳接球、運球突破和其他技術動作結合運用。

單手跳投可在原地或移動後進行，不論是哪一種，投籃時都應保持良好的身體平衡和便於起跳的姿勢。

準備姿勢：

兩腳平行開立（約與肩同寬）或稍分前後，腳尖正向投籃方向。屈膝，體重平均置於兩腳上，保持身體平衡。

起跳前持球的位置：

兩手持球靠近身體，位於胸和眼部之間。離籃較遠時，起跳前可持球低一些；越靠近籃下，持球越應高些，以便縮短投籃時間，減少防守者「蓋帽」的可能。

起　跳：

為了取得跳投的最好效果，應面對球籃垂直跳起。這需要良好的身體平衡能力和控制身

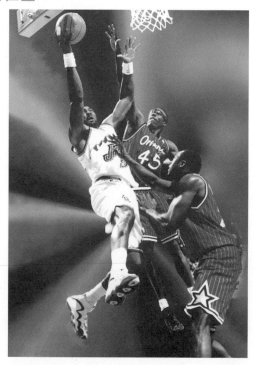

體的能力。

將球移至投籃部位：

起跳的同時，兩手將球移到肩上投籃部位，投籃手臂的肘關節在身前應基本與身體平行(不得外張)，並指向球籃。右手五指分開，手腕後屈，左手扶著球的側前方，目視籃圈。

手腕動作的重要性：

投籃時雖然主要是指端控制球，但跳投實際上主要是靠手腕的動作。因為球出手前一瞬間，手臂已幾乎伸直，已使不上很大力量。在最後將球推向球籃時，主要是靠手腕和手指的力量；而手指、手腕力量來源於前臂和手部肌肉的柔韌程度。同時，球出手時，正確的腕部動作會使球產生後旋。

跳起到最高點時球出手：

應在跳起到最高點時稍停頓再使球出手，太早或太晚往往都不能正確地完成投籃動作。在球即將離手時注意力應高度集中在籃圈上。

1.單手跳投

　　屈膝，體重落在兩隻腳的前腳掌上。右手投籃時，右腳在左腳的稍前方。

球出手後，手指、手腕自然前屈。

　　跳起，目視籃圈。跳到最高點時，投籃的手臂充分伸展，手腕用力前屈，透過指端，將球投出。

面向球籃。

抬頭，目
視籃圈。

起跳前和起跳過程中，兩手控制球。
投籃臂的肘部彎曲成 90 度。

2.跨步跳投

在罰球區範圍內的跳投。

比賽時，絕大多數是移動中的投籃，

這種跨步跳投也是其中之一，

即邊移動邊接球跳起投籃。

從右側的跳投

左腳邁一步接球。

右腳上第二步起跳。

跳起投籃。

從籃右側投籃

●右手投籃的情況下，兩肩正
對籃圈能夠自然地做動作，所以
比較容易掌握。

要點：

●如果不正面面向籃圈投籃，就很難投中。右手從右側投籃，身體易保持平衡；從左側投籃因改變兩肩的位置，角度變大，所以比從右側投籃難。

從左側的跳投

右腳第一步接球。

左腳第二步起跳。

跳起投籃。

從籃左側投籃

●右手從左側投籃，兩肩正對籃圈，會感到動作姿勢不自然，必須反覆進行練習。

3.急停跳投的腳步動作

（1）左手從左側運球，急停跳投

左手運球急停時用右腳跟先著地，腳尖略向右轉。這一步要大。左腳跟上轉體落地，左腳著地點與右腳幾乎平等，兩腳間距同肩寬。兩腳著地急停後繼續右轉，腳尖指向球籃。兩腳起跳，右手投籃。採用兩步急停，可以迅速、平穩地跳起投籃，並使運球、急停和起跳動作協調地衔接起來，而且便於保護球。

因為急停時是先用內側腳著地，再用外側腳併步起跳的。

接球後低運球。

二次反彈置球於膝關節的高度。

屈膝狀態，
持球成投籃姿勢。

跳起投籃。

（2）右手從右側運球，急停跳投

　　左手從左側運球時，身體轉向球籃的動作是在兩腳著地後完成的，而右手從右側運球時，是在左腳著地後，右腳著地前，用左腳完成的。

急停跳投的要點：

●可以正對籃圈直接運球或者橫向運球。以投籃為目的應直接運球，而橫向運球是在做假動作改變方向時運用。

●球置於膝或腰的高度，其間有 50 公分之差，從時間上來說約慢 0.2 秒。要進行快速撿球跳起投籃的訓練。

●從罰球線往左運球一次跳起投籃。兩肩正對籃圈跳起。

4.勾手投籃

勾手投籃就是利用手腕的靈活性，做彎曲如鉤狀投籃。但是，僅僅做出鉤狀是不夠的，目前在 NBA，也有很多球員常常利用離心力，伸直受臂，利用慣性進行投籃，但這不是真正的勾手投籃。勾手投籃最基本的一點就是持球時要處於與身體兩肋垂直的正上方，並在其頂點時將球投出，注意投籃時掌心朝向籃筐方向，而且，如果是與籃筐平行方向投籃的話，著地後身體要同樣朝向籃筐。

勾手投籃是身高、臂長和優良體能的組合。當然最重要的還是要反覆練習，才能成功。

近距離勾手投籃

碰籃板入網，或有從籃圈上輕輕放入之感。

非投籃手擋住防守隊員的手不讓其伸過來。

肩線垂直於籃板，投籃手畫弧舉球投籃。

要點：

●即使防守球員挨近，若其身高不比投籃者高出 20 公分以上，則很難封蓋投籃。

●為縮短投籃時間和防止防守球員的阻擋，持球不要低於胸部。

●擺脫單手跳投。

●在籃下反覆練習左右手勾手投籃。

右膝抬高呈 90 度。

籃下右側，用左腳起跳。

5.雙手3分投籃

從3分線外側的投籃，控制住球的飛行是很必要的。
對男隊員來說，最好用單手投籃；
但手小的隊員，為了很好地持球，
用雙手進行投籃的情況也是很多見的。

球出手的位置在額的正上方，用兩手
的拇指使球反轉，迅速翻手把球投出。

球出手後，兩臂內側要貼臉，使臂充分伸直送球至籃圈。兩手的拇指和食指併攏成鶴嘴狀，最後用食指的內側撥球。

兩腳距離略比肩寬，投籃手一側的腳前置15～20公分，重心落在兩腳中間。持球於胸和下頦之間，與腋下保持約1個的雞蛋的間隔。用雙手握住球的稍後部，拇指間隔7～9公分。

投籃姿勢

　　持球於胸、下頦之間最好，若持球過高則阻擋自己的視線，很難看到防守隊員的動作，過低則投籃要花多餘的時間。

　　腋下有挾一雞蛋大的間隔，若過寬則某一側的手就會用力過大，球就會出現偏離正確飛行路線的情況。

（側面圖）

（正面圖）

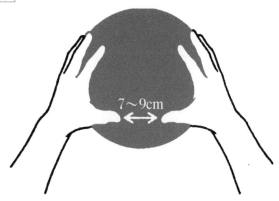

球的持法（抓法）：

拇指間隔若窄，球就容易滑落，過寬則難於控球，7～9公分最合適。

拇指與食指的間隔是食指和中指間隔的一倍以上。拇指和食指的用力，與無名指和小指相比要遠遠超過，所以若拇指與食指的間距過窄，則施加給球的力量就不會平均，也不好控制。

雙手３分投籃的要點：

●出手若晚是因給球的力不足，且這部分力就要用身體和腳向下跟來補充。因此，對於在練習中前腳往前進多少為宜，要加以注意，若是 20 公分以上則是球出手有問題。

●兩手拇指和食指併攏起來的理由是，為防止兩手分開伸臂，施加給球的力分散。

●是否投中的感覺是靠從食指內側的神經傳給大腦的，所以經常要集中注意力去練習，進步才能快。

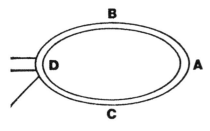

籃圈的目標

把位於 5.25 公尺以外的籃圈劃成 4 等份來看，需要精細的視線。一般情況下，要瞄準籃圈的前緣 A 點進行投籃訓練。

球的旋轉與飛行弧度

球投到籃圈的時間平均約為 1.3〜1.5 秒，超過則弧線過高，相反則弧線過低。

投 3 分籃時，一般的球旋轉為 2.5〜3 圈左右。

因距離遠，有很多隊員會不自覺地想用力投球，可是越依靠力量越投不準。膝、手腕、指配合要一致。只有柔和地投籃，球才會旋轉前進。

球出手要點：

最重要的是球出手位置和用兩手拇指使球後旋投出。動作要領是在臉的正上方、額頭位置，早一點翻手把球投出。

6.單手高手上籃

左腳用力跳起，右腿屈膝上擺，同時舉球至頭右側。

要點：

⬤從籃下右側用左腳起跳，抬右膝用右手投籃。從籃下左側用右腳起跳，抬左膝用左手投籃。要培養左右兩手都能夠投籃的能力。

球出手後，手指、手腕自然前屈。

左腳上步，身體重心移至左腳。

抬頭，目視籃板。

第 1 章 投籃技術

單手高手投籃時手臂完全伸直，用指端控制出球。

手掌向前，使球輕輕碰板，特別注意食指用力。

第 *1* 章　投籃技術

右臂上伸與水平面成 60 度，身體不到最高點不要放球。

　　放鬆伸展手指，腕和手指輕鬆撥球的後部投籃。

　　　　左手(輔助手)保持球上舉至安全位置。

　　　　　左腳起跳，不是往前衝，而是面向籃板往上方跳起。

輕碰籃板內側四方形左上角，使球不要碰到籃圈金屬部分而入網。

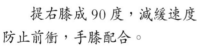

提右膝成 90 度，減緩速度防止前衝，手膝配合。

要點：

　●投籃命中率低是因為跳起前衝，加上腕、指用力過猛，球順勢猛碰籃板而反彈回來所致，往上方跳、輕碰籃板、適當用力是成功的秘訣。

　●接球後，身體向與接球方向相反側做假動作，在防守者猶豫的瞬間，可以做無妨礙的投籃。

7.跑籃（三步籃）

邊全速跑邊接球，接著邁一至兩步投籃，
這種跳起單手投籃，在快攻中是不可缺少的。
有各種正手上籃的技術，但首先要掌握最基本的。

右側三步上籃

跳起到
上籃，在右
側控制球更
有利些。

右腳邊前
進邊接球（投
籃手同側）。

於胸部處
接球，不能低
於胸部以下。

手腕和手指輕輕撥球，
從籃圈正側方投籃，有一
種輕輕放進去的感覺。

邊跳邊把右手向前上方
60度的方向伸出。

60°

左腳起跳。

右膝高抬90度，
手和膝協調一致。

要點：

●邊路投籃是從球場邊角開始的投籃技術。因不能
利用籃板，所以特別要注意對球的控制。初學者往往
出現用力過猛投過籃圈或用力不夠而投不到籃圈等失
敗現象。檢查一下肘的伸法和手腕、手投的撥球，邊
修正邊琢磨，以求進步。

8. 邊路三步跳起單手上籃

邊角面向籃板的隊員，

從籃圈的正側面練習三步跳投技術。

基本動作與一般三步上籃相同，但因不能利用籃板，

而成為一種從籃圈的正上方放進去的投籃技術。

球控制在右臉

（端線）一側。

前邁右腳接球。

手腕和手指輕輕撥出，
從籃圈前沿輕放入網。

邊跳起右手邊向上方
60 度的方向伸出。

60°

用左腳往
上起跳。

右膝屈成 90 度，
手、膝節奏一致。

要點：

●擦板投籃方法和從籃圈前緣輕輕空心放入的投籃
相比，還是後者的成功率高。理由是擦籃板投球用力
的輕重對初學者來說較難掌握，用力過大反彈出來的
情況是很多見的。熟練掌握手腕和手指的撥球動作，
投空心籃的成功率要高。

9.正面三步單手上籃

這是從籃板正面的三步上籃技術。

同球碰籃板投籃相比，

從籃圈前沿輕輕放入的投籃命中率要高些。

正面三步上籃是從與籃板成直角方向的投籃。

持球於無防守
球員的一側。

右腳前邁接球。

傑克遜的正面三步單手上籃

10.突破上籃

這是切入籃下的攻擊性投籃技術，同一般三步上籃相比，是稍遠一點的投籃。上半身平行於球籃，有碰板投籃和勾手投籃兩種。

上半身平行於球籃

伸開手臂阻
擋對手，同時快
速切入籃下。

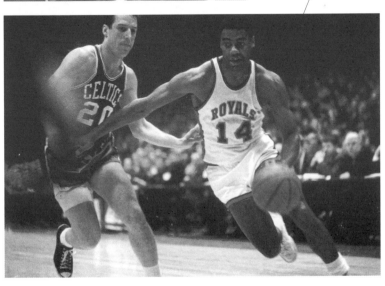

左臂要貼左臉頰伸出，
左肩邊向籃圈方向轉，邊輕
抖手腕和手指撥球。

屈肘狀態持球於
高處，眼看籃圈。

投籃後，
必須確認球入
網與否。

右腳向上起
跳並停止加速的
勢頭，往上跳是
最重要的。

為了保持身體
向上的平衡，左膝
要屈成90度。

要點：

●左手勾手投籃時，抖腕撥球若太僵硬，則落地時
易失去平衡，很難轉入下一次進攻。而且從遠離球籃
1.5公尺以上距離勾手投籃，缺乏穩定性，應儘量避
免。

11. 反手投籃

沿端線做越肩投籃的技術。

這是邊通過球籃邊把身體轉向罰球線方向的勾手投籃。

對初學者來說剛開始很難掌握這一技術動作，

別著急，花時間去練習。

格蘭特・希爾

第 1 章 投籃技術

手指展開持球，
拇指對向端線方向。

用手腕和手
指輕快撥球，使
球自然反轉。

肩線與籃板成直角。

投籃後，必須
確認球是否入網。

左腳跳起，
右膝屈成 90 度。

從右側往
左側通過籃下
時接傳球。

要點：

●從右側的投籃是從右側往左側通過球籃的正下
方，不是用左手勾手投籃，而是換用右手反手上籃；
反之，從左側的投籃是從左側往右側通過籃的正下方
換用左手反手投籃。

12.籃下突破反手上籃

這是沿端線越過球籃的勾手投籃技術，
是從籃圈外側的投籃。
因是潛入籃下投籃，
所以必須確認球籃位置。

手臂往耳後
伸，用手腕、手
指輕快撥球投籃。

投籃手握住球的下部，拇
指對向罰球線方向，瞄準籃板
上的四方形上沿往後投籃。

投籃後，頭、眼必須
轉向球籃方向，確認投中
與否再轉入下次進攻。

右腳邁
一步起跳。

右腳前
邁一步。

要點：

　　●端線與籃板之間有 1.2 公尺的距離，在比賽中從這兒投籃的機會出乎意料地多，如籃下突破反手上籃、突破上籃等。學習掌握這些投籃技術非常重要。

　　●這種類型的投籃可提高球感，熟練掌握該技術的球員就不會失去較多的得分機會，而能夠上籃得分。

右側籃下的投籃選擇：

　　右腳跳、左手上籃＝突破反手上籃。

　　左腳跳、右手上籃＝突破勾手上籃。

　　右腳跳、左手上籃＝勾手上籃。

　　左腳跳、右手上籃＝突破籃下反手上籃。

第 傳接球技術

2

章

一、傳球技術

二、接球技術

　　傳球是籃球比賽中進攻隊員之間有目的地轉移球的方法，是進攻隊員在場上相互聯繫和組織進攻的紐帶，是實現戰術配合的具體手段。傳球技術的好壞，直接影響戰術品質和比賽的勝負。準確巧妙的傳球，能夠打亂對方的防禦部署。創造更多、更好的投籃機會。

一　傳球技術

1. 持球

雙手五指分開，握球的側後方，手心空出。

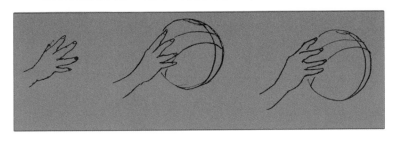

2. 傳好球的方法

邊觀察防守隊員的動向邊傳球。如果只看到同伴的動向而傳球，球就會有被突奔而來的防守隊員截獲的危險。因此，傳球時必須注意防守隊員的位置。

選擇直線、反彈、曲線傳球：與速度快的直線傳球相比，反彈和曲線傳球速度較慢，應根據對方防守隊員的動向來選擇。

對跑動中的同伴傳球：對停止移動的同伴，一般傳快疾的直線球，但對移動接球的同伴，往前方 3 公尺傳球是合適的。

掌握場上落位平衡的傳球：進攻隊員之間的距離最好維持在 4.5～5 公尺。如果間隔過窄，其他的地方就會拉大，傳球距離就會拉得太長。

傳出使接球者容易轉入下邊進攻的球：接球者接球後迅速轉入進攻是很重要的。如果傳出一個難接的球，接球人就很難進入下面的進攻，而且有被對手搶斷的危險。

3.雙手胸前傳球

屈膝，面向接球者，肘部彎屈，持球於胸前。指根以上握球，手心空出，目視接球者。

向接球者邁步，同時兩手快速完成手腕下壓和外翻的抖腕動作。

球出手過程中，兩手向外翻轉。球飛行路線要平。

兩手手指分開，拇指在球的後部相對持球。

兩肘張開，在胸腹處持球，手腕和手指快速撥球把球傳出。

投籃手一側的腳置前，屈膝，上體稍微前傾。

比賽中運用雙手胸前傳球時，必須注意隱蔽視點，以免暴露傳球意圖；還必須注意動作幅度不能過大，以免影響出手速度。

4.反彈傳球

中鋒經常運用這種傳球技術，傳給往球籃方向切入的同伴。

用非傳球手扶球不使球掉落。

持球的後部，兩手的指尖向上，拇指相對，舉到頭上，兩肘稍稍彎曲。

5.過頂傳球

這種傳球在組織進攻、從外側傳給中鋒、外中鋒傳給底線隊員時經常採用。這對身材高大的隊員是很有利的，但矮小的隊員因持球於較高位置，投籃、傳球、運球的轉換會變慢。

6. 長傳球

從搶到對方籃板球即快速反攻傳球，傳給往進攻球籃方向跑的切入同伴最適合。

用傳球手持球的後部，另一隻手扶住不要讓球掉落。兩手手指張開向上。

7. 勾手傳球

搶到對方籃板後的快攻傳球，或者傳給分開跑向籃下的同伴等，是處於密集防守一側的球員長傳給另一側處於空檔區域的同伴時的傳球。

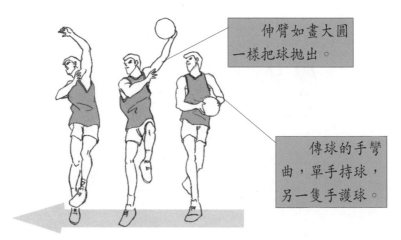

伸臂如畫大圓一樣把球拋出。

傳球的手彎曲，單手持球，另一隻手護球。

8. 手遞手傳球

這是短距離的傳球，中場球員在輕輕遞給切入過來的同伴時使用，不要使球旋轉，最好傳至接球者的腰部附近。

第 2 章 傳接球技術

兩手控制球，朝遞球方向稍伸出。

傳球時要注意防守者。

兩手指尖向上，兩肘呈微屈狀。

7. 跳起傳球

跳起後從高處的傳球，在被夾擊的情況下多被使用。

注意：如果跳起後不能把球傳出而著地，則視作帶球跑違例。

10. 肩上傳球

能夠準確將球傳送到中鋒的手中就會製造更多的進球機會。及時將球傳給已站好位置的中鋒時可使用此種傳球。

將球置於肩上，在無
防守側的肩上傳球。

11. 背後傳球

從背上、腰的後方傳球的方法。較之停止運球後再傳可以更快地將球傳出。但這種傳球方法不適於初學者。

運用手腕的
彈撥將球傳出。

二　接球技術

接球是籃球運動中的主要技術之一，是獲得球的動作，也是搶籃板球和斷球的基礎。在激烈對抗比賽中，能否採用正確的動作牢穩地接住球，對於減少傳球失誤、彌補傳球不足以及截獲對方的球等，都是非常重要的。

1.外圍隊員的接球

在遠離防守隊員的外側快速跟上接球，並立刻轉入的進攻是很重要的。

在外側接有速度的球時，做2拍滑步後停住。

面向來球至少也要移動1公尺接球，可控制傳來的球速，以便進入下面的進攻。

面向來球方向兩臂充分伸出，如果不伸臂接球，就會耽誤30公分的時機。

2.中鋒隊員的接球

被包圍的中鋒隊員接球的重要性要高於外圍球員。中鋒接的球大致可分為：直線傳球、曲形(高吊)傳球、反彈球 3 種，要注意根據傳球的不同記住接球的要點。

中鋒球員接反彈傳球

在背後有防守的情況下，想要站立不動去接沒有速度的反彈球或弧線球，會有被搶斷的危險。要向傳球方向移動 30～50 公分接球。

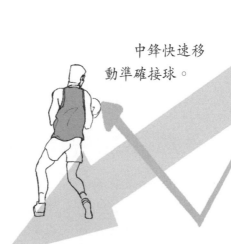

中鋒快速移動準確接球。

持球者向所指
示方向的 30～50
公分處反彈傳球。

給持球
球員做一個
接球方向的
暗示。

中鋒球員接直線傳球
　兩臂伸出，手張開接
球。對於球速較快的直線傳
球，即使不往來球方向移動
也能安全接住。

3.接球後急停

安全接球後急停已成為進攻技術的基礎。
要點是正確運用轉入下次進攻的銜接點,
不要犯帶球走違例的錯誤。

(1) 跳　停

　以1拍的節奏停住、兩腳同時落在3秒區（罰球區）
的急停、運球前進中的急停、移動中的急停等,幾乎都是
這種類型。

　　身體重心置於
兩腳中間,雙膝彎
曲,以能迅速轉換
動作的姿勢停住。

　　兩腳同時著地,
左右任何一腳都可以
作為中樞腳。

（2）跨步急停
2拍節奏的急停，在外圍接快速傳球的情況下多見。

以第1步跑的慣性，來緩衝傳來的球勢。

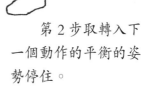

第2步取轉入下一個動作的平衡的姿勢停住。

取立刻轉入投籃、運球、傳球的身體姿勢。

4.移動接球

所謂移動接球,就是快速迎上接球,與跳停、假動作後立刻進行投籃或帶球突破息息相關,比站著等球進攻機會要多3倍。

進行移動接球和假動作的移動接球,是進攻中連接帶球突破和投籃的重要技術動作。移動接球的學習可以說是個人進攻技術提高的最重要課題。

必須跳停。為了有利於下邊的動作,邊改變身體或腳的方向邊跳停。

急停的同時做假動作來引誘附守者。

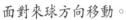

面對來球方向移動。

根據防守者
的反應，運球突
破或者投籃。

5.擺脫接球

搶先一步接球的動作,為了安全準確地接球,無球隊員以切入、策應等配合創造接球機會。

向籃圈方向
做切入假動作。

突然變向往相反
方向做假動作。

最後跑向球
的方向接球。

接近球時兩
臂伸開接球。

第 運球技術

3

章

　　運球是籃球比賽中個人進攻的重要技術，它不僅是個人擺脫防守進攻的有利手段，而且還是組織全隊進攻戰術配合的重要橋樑。

　　運球練習可以提高手對球的感應能力，熟悉球性，從而提高控制球、支配球的能力。經常做各種運球練習，不僅可以提高運球技術，而且對傳接球、投籃等技術都有很大促進作用。

一　運球的基本要領

運球的基本要領適用於各種運球技術。

用手指控
制球，將球向
前推進。

抬頭，
目視前方。

身體半蹲。

屈膝，右手運
球，左臂抬起，以
保護球。

運球的高
度，視具體情
況而定。

二 高低運球

高低運球是最好的改變方向和節奏的運球技術，帶球突破時經常使用。

高低反彈拍球，改變方向和速度。

擺脫防守時，在腳前方反彈運球。

一旦防守者逼近，就低頭沉肩切入運球，使之快速反彈，穿越防守者的腰側。

第 *3* 章　運球技術

1. 高運球

上體稍前傾,兩肩正對運球方向,運球高度約在腰和胸部之間。球落點在身體右側,左臂彎曲舉於身前,用左臂和腿保護球。

2. 低運球

運球高度在膝和腰部之間,以便更好地控制球,減少防守者搶球的可能性。注意用臂和腿保護球。

三　變方向運球

1.換手運球

對於已有相當水準的選手，在此提供一個練習換手運球的小技巧。在球場內可能行經的各種運球路線上放置多張椅子充當防守者，進行換手運球練習。當你接近椅子時就快速換手繞過它，同時必須準確地控制球的動向。

注意：不論左、右手都必須精通這項技巧，否則只會換單一方向，極容易被防守者識破。

另外請記住：儘量降低球反彈的高度，球反彈得越低則換手的速度會越快。

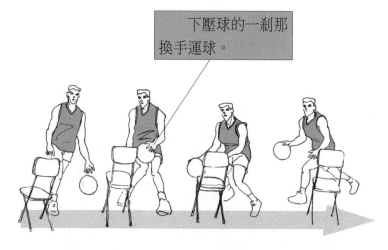

下壓球的一剎那換手運球。

快靠近椅子時準備　　　球與椅子保　　　將球壓低
變換方向及運球手。　　持適當距離。　　並控好。

2.身前換手變換方向運球(1)

　　從左至右、從右至左改變方向的運球。以嫻熟的左右假動作和反彈高運球突然降低至 30～50 公分低運球來控制身體重心是訣竅。

若防守者接近，想要堵截前進方向，立刻變為低運球。

在右側運球前進。

往左改變方向的同時，運球手也換為左手。

突然加速運球擺脫防守。

第 3 章　運球技術

3. 身前換手變換方向運球 (2)

技術要領基本同前。注意在高運球的過程中變換方向時，是如何由高運球變為低運球的。

在右側運球前進。

若防守者接近，想要堵截前進方向，立刻變為低運球。

往左改變方向的同時，運球手也換為左手。

突然加速運球擺脫防守。

四　胯下運球

　　使球穿過兩腳之間來改變運球方向的運球技術。近來有更多使用胯下運球技術的傾向。其理由是兩腿可以保護球，且可以安全轉換方向，防守者的手難以搆著。

欲往右方前進時，在防守者接近的瞬間，球從兩腳之間向後反彈。

換另一隻手運球。

右腳和右肩邊向左躲閃，邊轉換前進方向。面向左。

五 後轉身運球

在防守者逼近的情況下，向後轉身的運球技術。

防守者從正面逼近時，以左腳為軸運球向後轉身。

非中樞腳一側的肩要降低。

轉身結束，運球換至左手。

六 背後運球

　　這是把球繞到背後並換另一隻手運球改變方向的技術，是籃球運動中最光彩奪目的運球技術動作之一，是較高難度的技巧。因此，初學者在剛開始學習時應先記住動作方法，每天反覆練習，待熟練之後再在實戰中靈活應用。

欲往左前進，防守者接近左側防守時，用左手把球繞至身後方。

運球手換成右手，再往右側方向轉換。

用左手向右腳側運球。用右手接反彈過來的球。

七 後退運球

根據情況傳球　　　　　　同防守者接觸的瞬間，迅速
或直接投籃。　　　　　　選擇下一個動作，快速轉移。

邊向後退邊運球的技術。中鋒或前鋒在背後有防守時，通常採用這一技術向後退轉身投籃。

背向球籃的狀態，運球後退。

請注意：如果用後背強行擠撞防守，則易進攻犯規。

八　急停急起運球

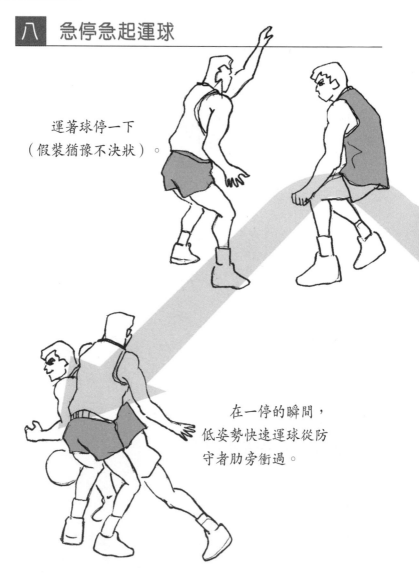

運著球停一下
（假裝猶豫不決狀）。

在一停的瞬間，
低姿勢快速運球從防
守者肋旁衝過。

慢慢運球接近防守者，停住，防守者也會停住，瞅準
這個瞬間，突然運球從防守者肋下突破。

以腰的高度高運球，
慢慢地靠近防守者。

九　持球突破

在比賽中運動員如能掌握良好的持球突破技術和突破時機，既能直接切入籃下得分，又能打亂對方的防守部署，創造更多的攻擊機會，增加對手的犯規，從而獲得更多的罰球次數給對方造成很大的威脅。突破與投籃、分球結合運用，進攻就更加機動靈活，效果更顯著。

1. 突破的腳步動作

這個腳步動作是所有原地持球突破的腳步動作的基礎。

為了持球突破，進攻者可用假動作誘使防守者移動和調整防守位置。可用以下腳步動作來達到上述目的，不論向右或向左做腳步動作，都要始終掌握好身體平衡，避免走步違例，注意保護球。

進攻者以左腳作中樞腳，右
腳向右前方跨步，佯做從右邊做
同側步突破；身體
重心移向右腳，球
置於右腿的外側，
以便保護。

重心後移，右
腳後撤至原位置。
也可向另一方向做
交叉步突破的腳步
動作。

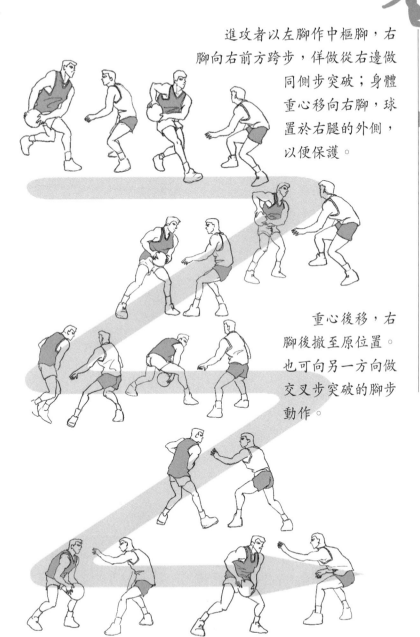

2.向左側做假動作，從右側做同側步突破

進攻者以左腳作中樞腳，右腳向前方跨步，身體重心移向右腳，球置於右腿的外側（以便保護），佯做從右側突破。而後重心後移，右腿後撤，誘使防守者做出相應的移動。

進攻者再次向右前方做跨步突破動作。

正當防守者再次做出相應的移動時，進攻者突然跨出右腳，快速向右側運球做同側步突破。

進攻者抬頭、仰肩，身體重心後移
至左腳，伴做再次後撤，誘使防守者再
次做出相應的移動。

3.向左做同側步突破假動作後變交叉步向右突破

進攻者的左腳迅速蹬地,並向右前方跨出,身體重心移向右腳,同時向右做側身轉肩(以便保護球和搶位超越防守者),右手運球向右突破。注意圖中進攻者改變方向運球突破時,左肩低於右肩和側身用上體保護球及搶位超越防守者的動作。

跳停的同時決定中樞腳(圖中是右腳)。

接著往右側做身體假動作,同時右腳往右側交叉邁進。

運球要在中樞腳離地之前。若腳離地過早會造成走步違例。

進攻者向左方跨左腳做同側步突
破假動作，誘使防守者相應地移動。

首先非中樞腳向右側邁
出半步做腳假動作。

用右手低運球，做出欲
撞對方右腰處的樣子突破。

假動作一般有 3 種：身體假動作、球
假動作以及腳步假動作。有時也單獨使
用，但最多的時侯是 3 種假動作結合起來
有節奏地同時去做。

4. 交叉步同側步突破假動作再變交叉步突破

開始運球時，
必須是球先離手，
中樞腳後離地。

進攻者應將球置於右
膝外，以便保護。

進攻者用左腳向右前方做交叉跨步，俾做從右側突破。然後左腳收回，向左前方跨出，俾做從左側做同側步突破。最後，左腳再收回，以交叉步仍從右側運球突破。

做假動作時，頭、眼、肩要緊密配合。

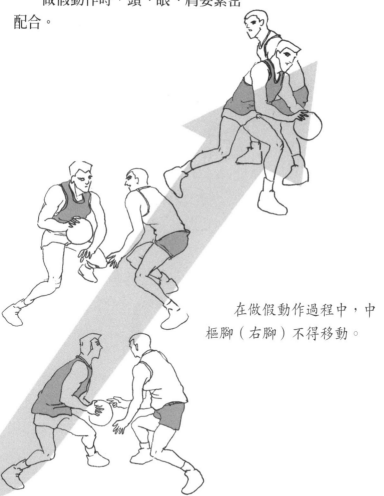

在做假動作過程中，中樞腳（右腳）不得移動。

5.交叉步運球突破

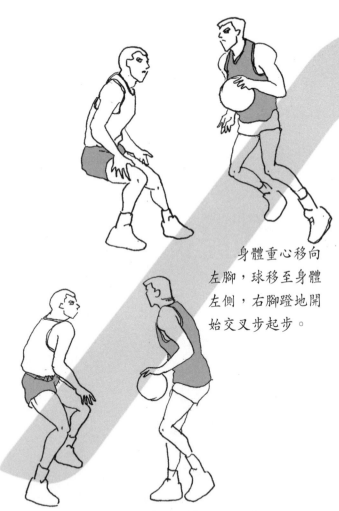

身體重心移向
左腳，球移至身體
左側，右腳蹬地開
始交叉步起步。

向右前方做虛晃假動作。

左腳蹬地，完
成交叉步。

繼續向前運球突破，用靠近
防守者一側的臂和腿保護球。

6.改變方向運球突破

進攻者用左手向左前方運球做同側步突破。當左腳著地、球從地面向上反彈時，左手向下迎球並迅速將球推向右側，同時用右手運球，左腳蹬地向右斜前方跨出，變做交叉步從右側突破。

第 中鋒技術

4

章

　　現代籃球中鋒主要有三種類型：一是以個人得分為主的強攻型中鋒；二是以在內線組織全隊進攻為主的組織型中鋒；三是技術全面、能攻善守，既能個人進攻得分，又擅長組織全隊進攻的全面型中鋒。

一　籃下中鋒球員的任務

對於藍下的中鋒球員來說，必須做到以下 7 點。

1.站　位

這是為了能夠準確地接外圍傳來的球所不可缺少的要素。同外中鋒相比，靠近籃下的內中鋒在防守密集時很難搶到位。張開雙肘，利用身體的厚度儘量確保寬一點的空間，提高接球的安全性。

2.信號（手勢）

在內線站好位之後，用手指對持球隊員發出信號，告訴他想要接球的方向。如果不打手勢會被認為沒有接球的意思。

3. 控制球

接到球後,要保護好球,以防被偷襲和脫手。初學者應兩肘向外側張開,在下頦的下方安全控球。

4. 確認身後的防守

接球的同時,確認一下後邊的防守隊員的距離、位置,以便馬上選擇下邊的進攻動作。要養成習慣。

5. 向球籃方向轉身

接到從外圍傳來的球時,是背向球籃的狀態,這種狀態是不能得分的,必須轉身面向球籃才算開始進攻。

6.準確投籃

投籃命中率低的中鋒是失職的。如果在罰球區（4.3公尺）無防守時投籃命中率不到80%，有防守時達不到60%以上的話，進攻力就會銳減。因此，中鋒隊員提高投籃命中率是非常重要的。

7.必須參加搶籃板

一名優秀的籃球中鋒必須視所有投籃都不中而飛奔拼搶籃板。不管中鋒也好，外圍也好，必須養成參加搶籃板的習慣。即使只有一人不參加搶籃板球，也會對勝敗產生影響。

二 中鋒球員控制球

在球員密集的籃下區域，因膽怯慌張而導致球被搶走的情況很多。得分的機會就在眼前，因此，在這個區域的控制球尤為重要。必須在取基本姿勢後，沉著冷靜地確認防守者的位置，這樣才能安全控球。

正確持球：

兩肘向兩側張開，在頦下持球。以這個姿勢，前方防守者的手不論從哪兒都伸不過來，很安全。確認後邊防守者的位置是根本。

不正確的持球：

只注意前方而忽視後方。因此，就不能確定下邊的進攻動作。

第 *4* 章 中鋒技術

轉身後的持球：
接球後轉身與防守者相對時，儘量持球於對方的手難以搆到的位置。

第 4 章　中鋒技術

轉身時的持球：
接球轉身時，持球於頭的上方或膝的下方。

三 籃下防守方法

在離球籃最近的籃下投籃的成功率很高。進攻隊若把球傳到這個區域，差不多就等於直接得分了。為了更準確地持球站位，首先讓我們分析一下防守者的防守位置。

防守主要有 3 種站位方法：

1. 側 防

單手和單腳往側方向伸出欲斷球，比賽中，這種防守用得很多。

（1）端線側防

端線側站位，手和腳伸向進攻中鋒防守。持球者即使向端線方向運球移動想要傳球，也會因防守的干擾而難以將球傳出。

（2）罰球區側防

從罰球區方向把右手和右腳伸出，制止對方向這邊的移動，干擾傳球。

（3）3/4 側防

封住傳球方向的 3/4 的防守，頭和肩被對方腹部擋住，腳和手在前邊被抑制的狀態。球在 45 度區時，受到這種防守則傳球困難。

進攻隊員

防守隊員

儘量讓你的對手無法輕易接到球。

進攻隊員

如果對手接到球，儘量想辦法別讓他得分。

防守隊員

防守隊員

進攻隊員

2.後　防

　　在背後被防守的狀態。如果轉身和投籃力量不足則必須警戒，但安全接到球之後，再轉身投籃，也是容易擺脫的防守。

進攻隊員

防守隊員

3.前　防

　　進入球和同伴之間被防守的狀態。同伴可斜刺衝上接球，或越過防守者頭頂傳球，擺脫。

四　搶　位

　　搶位就是搶佔能夠安全接球的位置及其姿勢。在籃下中鋒若能準確地運用這個技術，一接到傳來的球立即可轉入投籃。也可以說，搶位是得分的前提和保證。

潛入站位：
面對前防或與自己相對的側防的站位技術。

　　收頭和肩潛入防守者的腋下，身體往防守者外側轉。非中樞腳（左腳）若交叉潛入就能夠更準確地站位。

左右做假動作，在防守者失去平衡時擠入。

打手勢是告訴接球方向的很重要的動作。

　　將臀部頂住防守者的腹部，做手勢示意接球方向。注意保持接觸的狀態。

繞進站位（轉入站位）：
被 3/4 防守時有效的站位動作。

按後轉身
的要領回轉身
體。

處於遠離防
守一側的手打手
勢，向持球者示
意接球方向。

非中樞腳向
後退一大步。

用同防守者一
側的肘和腳，阻止
對手的移動。

站位後兩手和兩腳打
開，儘量以一定的幅度來
制止防守者的移動。

虛顯擺脫轉身搶位：
同防守者面對面狀態下，
左右任何方向都能搶取位置的
站位動作。

若要向罰球線側
取位就插入右腳。
若要向端線側取
位則插入左腳。

面對防守
想要往右側取
位時，把右腳
插入對方兩腳
中間。

以左腳為中樞
腳後轉身。

用後背同防守
接觸，面向球。

用遠離防
守一側的手向
持球者示意接
球方向。

必須張開肘。

針對側防的站位：
用肘和腳擋住被側防的
一側，是在空檔一側接球的
姿勢。

擺動：
在前邊被防的狀態下，
要接越過防守者頭頂的弧線
傳球時使用的動作。

到接球瞬間之前不要移
動，如果一動，防守者也跟
著動，就容易出現接球範圍
變窄或球出端線等情況。

被防守一
側的肘和腳阻
止對方。

在球通過
防守者頭上之
前，保持這樣
的狀態。

若在防守
者的左側接
球，就用右肘
和右腳阻止防
守者。

五　籃下接球

　　在籃下，如果具備能夠判斷從接球到投籃一瞬間的動作並準確運用，將會獲得相當多的得分機會。希望您能夠確實掌握這一技術。

兩肘張開得儘量寬一些，做好接球準備。

接球時手臂向來球方向充分伸出，接到球後收到胸前。

接球的同時向端線方向看，確認防守者的位置，如果接球後再向後看就會耽誤下邊的進攻，因此要養成接球的同時注意觀察的習慣。

六　籃下投籃

防守不在端線一側的情況

跳起投籃。

端線側的腳
邊踏入邊運球。

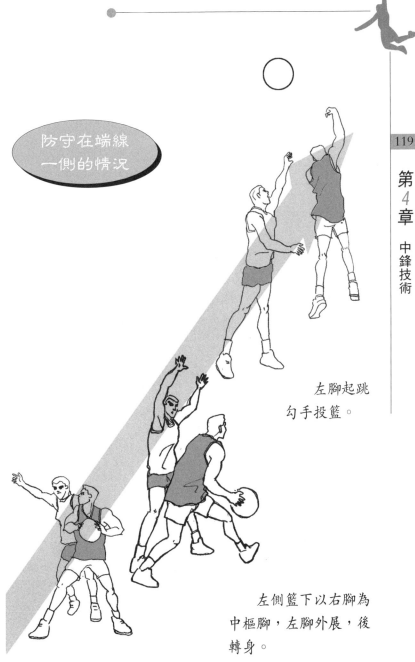

防守在端線
一側的情況

左腳起跳
勾手投籃。

左側籃下以右腳為
中樞腳，左腳外展，後
轉身。

　　中鋒在球籃附近接到球準備轉身投籃的時候，有各種各樣的方法。讓我們來練習一下其中經常出現的動作。如果這 4 個技術動作使用成功率高的話，在比賽中得分將大幅度提升。

輕碰籃板內側四角形的上沿。

1.擦板投籃

　　轉身碰籃板投籃。特別是在籃下半徑 1.5 公尺的範圍，這一投籃技術的成功率很高。

2.用力跳投

　　在籃下運球一次跳停之後，用力高跳投籃。

兩腳用力起跳。

3.低手投籃

接球跳停之後，球籃一側的腳跨進一大步投籃。左側籃下用左手投籃，右側籃下用右手投籃。

用踏入的腳起跳。

球籃側的腳邁一大步。

4.虛晃假動作後的投籃
將球往上方做投籃假動作，
錯開防守的時機，跳起投籃。

上下虛晃，在錯開防守時機的空隙投籃。

第4章　中鋒技術

七　轉身投籃

利用投籃假動作和轉身動作，可以安全地進行投籃。

勾手投籃或
低手投籃。

降低頭和肩的高
度，保持與防守者之
間的距離。張開肘保
護球，以防對方伸手
搶球。

右腳向中間
方向跨步。

欲向端線側擺動
上步，但中途有防守
者，這時，以左腳為
軸向前轉身。

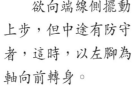

後方防守者的位置。

做跳投的假動作。

若防守者移動
阻止端線側，則右
腳後退轉身。

八 交叉步投籃

接球後，在罰球線處側轉身時經常使用的技術。防守
者對所做的投籃動作有反應並向前來的時候，向籃下跨一
大步，準確投籃。

如果防守者被投籃動作所誘
惑而前來阻止的話，就將轉身後
的右腳向籃下大踏一步投籃。

不運球則左手低手上籃，
或運球一次跳起投籃。

以左腳為軸向前轉身，面向罰球線一側。

接球的同時，確認後方防守者的位置。

做瞄準投籃的動作，看防守者的反應（如果有反應，就做交叉步；若不反應就直接投籃）。

九　跳起勾手投籃

　　從端線附近衝到籃下的中鋒接外圍傳球時，最好接球的同時做勾手投籃。外圍球員和中場球員的配合練習很重要。

第 *4* 章　中鋒技術

　　用左手勾手投籃。若防守不緊也可以做單手跳投。

　　右腳跳起投籃。

中鋒從右側的
端線方向往中間方
向衝過來。

移動中接外圍
傳來的球。

十　端線帶球突破上籃

籃下跳起反手投籃。

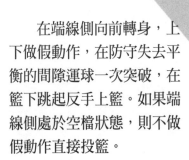

在端線側向前轉身，上下做假動作，在防守失去平衡的間隙運球一次突破，在籃下跳起反手上籃。如果端線側處於空檔狀態，則不做假動作直接投籃。

接球，以左腳為
軸前轉身。

做假動作，若防守者
上當，在這瞬間往端線方
向運球一次突破。

十一　勾手投籃

轉身後，右腳做好
踏跳的準備。

左腳起跳，左手
低手投籃（通常的低
手投籃手腳相反）。

右側籃下，
左腳為中樞腳。

一定要邊向後看，
邊用右腳做前轉身。

　　前轉身的非中樞腳直接踏跳進行投籃的技術，這是與
防守者幾乎全接觸狀態下的投籃，有時也是引誘防守犯規
的技術動作。適合於步法好、投籃技術熟練的高水準球
員。

十二 強攻投籃

　　不轉身單腳向內側大跨一步，低運球一次後的投籃。在籃下接球的瞬間確認端線側有防守的同時進行的動作。需要瞬間的判斷和行動，適合高水準球員。

做單手跳投、勾手投籃或低手投籃。

以邁入的右腳起跳。

右側籃下邊接球邊
確認端線側的防守。

第 4 章　中鋒技術

面向外側，直接用
右腳向內側方向邁一大
步，快速拍球一次。

十三 運球一次後轉身投籃

做低手投籃或
勾手投籃。

非投籃手保護。

兩腳跳步急停是為了投籃時再踏出一步。

在稍外側
接球，外圍防
守者和進攻者
幾乎都不能緊
貼。

以球、頭、肩
做假動作，若防守
者不反應，立即快
速跳起投籃。

運球一次跳
一步，背向防守
者停住。

若防守相應移動，
則逆方向踏出一步。

　　中鋒隊員在稍外側接球時的技術。運球一次，背向球籃
跳停，用假動作使後方的防守者產生跟隨移動，邊轉身邊投
籃。這是一種需要迅猛攻擊、大膽行動的高難技術動作。

第 搶籃板球技術

5

章

　　「得籃板者得天下」。進攻隊員搶到籃板球，不僅可以增加進攻次數和籃下直接得分的機會，而且可以造成「外投裏搶」，增強外圍球員投籃的信心，提高士氣。如果防守球員搶到籃板球，不僅能轉守為攻，為發動快攻創造有利條件，而且能加重進攻球員外線投籃的心理壓力。

一 搶籃板球基礎練習

用力跳起以雙手拿下籃板球。

將球投向籃板。

以投籃作為結束。

二 搶防守籃板球技術

前轉身封擋

籃下的防守技術動作，往前邁出一步用前腳阻擋進攻者的去路，爭奪搶籃板球的位置。

進攻者若向前移動，用前腳擋住其進路。

對方投籃，球在空中飛行時，不是看球，而是看離自己60公分的對手的動向。

左腳向後退，以後背對著進攻者，兩肘張開，手指向上。保持這個狀態向球下落地點移動。

後轉身封擋

向後轉身把進攻方擋在外面，取
對搶籃板有利的姿勢。

不要只看在
空中飛行的球，
還要注意進攻方
的移動。

若進攻方移動要
搶籃板，就以前腳為
軸向後轉身。

背靠進攻方隊員，兩肘
張開，兩手手指向上，向球下
落點移動並搶球。

三 搶進攻籃板球技術

投籃後，切入爭搶籃板球，若搶到投籃不中的球，可再次製造進攻機會。初級、中級水準者，首先要養成無論何時都要搶籃板球的習慣。

肘和腳切入。

繞進佔據搶籃板球的位置。

從防守者的身後準備衝到他的前邊，將其擋在外側。

要點：

● 除此之外，還有左右做假動作迷惑防守者，突然跳進搶籃板球等方法。

四　搶到籃板球後的技術動作

1.籃板球的抓握

這是為了不使好不容易搶來的球被對手奪走和不使之成為爭球的技術。

抵住防守者的移動，面向球最大限度地跳起抓球。

兩肘向兩側張開護球，這時如果對方隊員跑來，則降低姿勢傳球或運球。

落地的同時做頭上傳球，或者單手肩上傳球、勾手傳球。

2. 搶籃板球後反攻傳球

為了不給對手二次進攻的機會，拼命搶到防守籃板球
應為第一目標。搶到球後，儘量迅速傳球給同伴是第二目
標。傳球的同時向籃下切入是第三目標。

儘量跳高，力爭在
最高點搶籃板球。

搶到進攻籃板
球，可以投籃或者
將球傳出；搶到防
守籃板球，應迅速
傳出球發動快攻。

此時，如果同對方球員接觸，兩
腳要分開大點，身體充分展開，將球
置於頦下，兩肘張開保護球。

第

超級球星
的成名絕技

6

章

第
6
章

超級球星的成名絕技

　　賈巴・邁克・喬丹、湯馬斯、歐文、巴克利、威爾金斯、卡特等 NBA 超級球星成名絕技的動作圖解。

一　賈巴的傳奇天鉤

　　賈巴慣於利用勾手投籃在籃下的較量中建功立業，因此得到「天鉤」的美名。

所謂勾手投籃，就是將手背在頭頂上方呈鉤狀彎曲的投籃技術。這是進攻隊員在籃下亂軍中，為避免投出的球被對手封蓋而採取的投籃動作。一般的人常用比較有力的那隻手投籃，只有很少的球員可以左右開弓。

勾手投籃最基本的一點就是持球時要處於與身體兩肋垂直的正上方，並在其頂點時將球投出，注意投籃時掌心朝向籃筐方向，而且，如果是與籃筐平行方向投籃的話，著地後方向要同樣朝向籃筐。

在禁區右側底線，賈巴運球往右移動。冷不防一個左傳假動作，雙手收球、左腳往左側或左外側跨步，右腳掌

蹬地，向左轉體同時膝向上高抬，以左腳掌為軸向左轉同時單腳蹬地跳起、展體，雙手持球過渡為右手扶球向上伸臂舉球，分開的五指托球，手腕稍後仰，臂伸直，舉球至最高點時，輕輕扣腕用食指、中指將球撥出。這就是賈巴的「傳奇天鉤」。

天鉤的精華在於賈巴擺脫防守的逼真假動作、往左側跨步清楚的時間感、右膝出色的平衡感與張力，最後是賈巴那雙柔順、有力的手腕。賈巴的天鉤射的每個球既沉穩又有力，並帶著優美的弧線，動作即不勉強，也不過重，其天鉤時的身形恰如淡藍的天幕中一彎清靜的新月。

7　　　　8　　　　9

10　　　　11　　　　12

二　邁克・喬丹的後仰跳投

　　後仰跳起投就是將身體稍稍向斜後方後仰跳起的投籃動作。這樣可以躲開前面的防守球員，也使對手無法蓋帽，是個高難動作，也是最具有「殺傷力」的投籃技術。對這一球技運用得最得心應手的是「飛人」邁克・喬丹。

　　所向披靡的突破加上無所不能的空中動作使邁克・喬

第 *6* 章　超級球星的成名絕技

丹剛加盟 NBA 即獲得「飛人」威名，但在成名之後使邁克‧喬丹成功的卻是他的後仰跳投。

　　無論是正對還是背對防守者，不管是往左、往右跨步起跳，邁克‧喬丹總有辦法在向後跳起的同時，在空中停留、拉竿、擺脫防守後仰的同時保持平衡與手感。

　　這就是邁克‧喬丹的「後仰跳投」。任憑再好的防守陣型，再纏再黏的防守悍將，邁克‧喬丹這一招屢試不爽。

　　邁克‧喬丹憑藉熟練的手仰跳投技巧，擴大了投籃面，而觀眾也能隨時隨地欣賞到他那難度越來越大、觀賞性越來越強的後仰跳投技巧，彷彿人們覺得他的籃球藝術得到了昇華，已經到了無比完美的地步。

三　湯瑪斯的連續胯下換手運球

　　被稱為「運球教科書」的湯瑪斯以其出色的運球技術獨步 NBA，他出色的手感與技術在 NBA 無人能及。

　　上小學時，湯瑪斯每天右手拍球上學，左手拍球回家，遇到行人或障礙就換手運球閃過，這使湯瑪斯具有無人能及的手感。在現在的 NBA 賽場，胯下運球最多兩三下，控球員便迫不及待往籃下切，但湯瑪斯卻不這樣，他不僅將胯下運球當作突破得分的手段，而且將其令人賞心悅目的藝術性充分展示出來。

　　比賽中，湯瑪斯會不由自主地來上多次胯下運球，有趣的是，防守者似乎也很配合湯瑪斯的節奏與作秀時間，在欣賞完湯瑪斯的運球表演後，眼睜睜看著湯瑪斯低身切過，揚長而去。

四 歐文的大鵬展翅飛天大灌籃

「J博士」歐文在中場接隊友傳球快攻，運球推進至三分線外右手單手收球扣住，然後兩個大胯步在禁區外起身騰空，托右臂將球灌進球筐。

如果這個人是邁克·喬丹，你會覺得他是在空中飛翔，但這個人卻是喬丹的偶像。「J博士」歐文單臂灌籃時給人的感覺，就像凌空的大鵬展翅，又像火箭沖天一般，以超長時間的滯空和強大的力量給人造成無比的震撼。

這不是神話，而是「J博士」歐文的獨家絕學。儘管喬丹飛得很好，卡特也能照葫蘆畫瓢，但「J博士」歐文飛天扣籃的神

韻卻無人能摹，版本只有一個，無可取代。

　　遺憾的是，我們沒有找到效果特別好的「J博士」歐文
飛天扣籃的動作照片。在這裡我們列出了邁克・喬丹、龍
因、卡特等NBA球星扣籃的動作照片，請欣賞比較。

第 *6* 章 超級球星的成名絕技

第 6 章　超級球星的成名絕技

第

6 章

超級球星的成名絕技

五 巴克利的「屁股神功」

　　兇猛、強悍是巴克利的招牌。在比賽中,巴克利主要打內線大前鋒的位置,作為 NBA50 餘年來最矮的大前鋒,巴克利在面對高他六、七公分的對手時,最常用的是背對防守,單手運球,用自己肥碩的屁股頂住對方,如坦克碾過土牆般用力一寸寸往籃下擠,然後快速後撤步,在對方高大中鋒的包夾下強行突破,或直接上籃或避開防守後跳投得分。

在巴克利的黃金時期，他
每場比賽都能得二十七八分，
並能有十一二個籃板入帳，還
保持著近 70% 的高命中率。
在他因傷退役之後，對身高要
求越來越高的 NBA，不會再
有一位身高兩公尺以下的球員
能在內線取得超過巴克利的成
就，因為在以後的 NBA，你
也許根本就不會再看到身高僅
僅 198 公分的大前鋒。

第 *6* 章　超級球星的成名絕技

六　NBA 球星絕技大薈萃

威爾金斯的轉體 360 度低手上籃

如果你看過一次威爾金斯的轉體 360 度低手上籃，你會永生難忘。

在一次快攻中，威爾金斯雙手接球，側對防守者，第一步邁出右腳並降低身體重心，第二步左腳腳跟、腳掌依次落地，腳尖外轉做軸，右腳向左前擺，身體隨之 90 度左轉，右腳落在左腳靠籃一側，左腳用力蹬地向後轉身，同時右腳也用力蹬地跳起，身體如一架直升飛機在空中向左、向右旋轉，越過呆立的防守者，這時威爾金斯如鷹一般浮在空中，時間在那一瞬間彷彿靜止。在空中，威爾金斯從胸前換雙手托球為右手單手托球，在身體下降但正對球筐時，一個低手投籃命中網心。

溫斯・卡特空中接力

所謂空中接力，是指兩名隊員間的傳接球配合動作。其中一名隊員在跑向籃架時，另一名隊員突然將球傳出，隊員起跳後在空中把球接住，並在身體落地前把球放進籃筐（或灌籃）。猛龍隊新秀溫斯・卡特因彈跳力和運動能力出眾而有「邁克・喬丹二世」之稱，而他的空中接力動作，更使眾多年輕選手望塵莫及。

不論是空中接力動作，還是籃下大力扣籃，都顯示出溫斯・卡特具有相當強的瞬間爆發力。

溫斯・卡特原地摸高能跳起 1 公尺多，若助跑則會更高。令人稱奇的是，他不僅跳的高，而且跳起的速度還相當的快，即使有比他高大的大中鋒防守他，他也能在其頭上扣籃。

由於他彈跳好，起跳速度快，在比賽中隊友只需看準機會，把球傳到籃筐附近就行了。不論這球是高是低，是長傳還是短傳，溫斯・卡特都能依靠他快速的騰空和超常的滯空時間把球穩穩抓到手裏。有時他已飛身跳起，可是隊友傳球不到位，只傳到他的膝蓋位置，他照樣能把球撈起扣進籃筐。

搶占領空

聲東擊西（2）

晴空霹靂

第 6 章　超級球星的成名絕技

晴空霹靂

雲中漫步

凌空展翅

凌空展翅

杰里·斯塔克豪斯（活塞队）
英文名：Jerry stack house
出生：1974 年 11 月 5 日
身高：1.98 米
体重：218 磅
司职：后卫／前锋
球衣号码：42#
入 NBA 时间：1995 年
选秀顺位：首轮第 3 顺位

個人單場最高紀錄

項　目	1999～2000 賽季	職業生涯（1995～2000）
得　分	40	40
助　攻	11	11
搶　截	7	7
籃板球	9	15

註：1996 年入選新人最佳陣容

破塔而出

第6章　超級球星的成名絕技

第

熟悉球性練習

章

第7章 熟悉球性練習

　　為了提高籃球技術水準，熟悉球性是非常重要的。在進入正式練習之前，也可把熟悉球性練習作為準備活動進行練習。

練習 1

　　兩手相對扔球，手指張開，然後慢慢伸直手臂，手和球的感覺要柔和，然後再不斷加大距離扔球。注意不要看球，全憑手對球的感覺。透過這個練習來增強手感和球感。

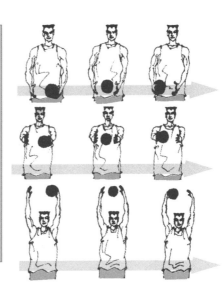

練習 2

　　此練習同樣是增強手感。在拉韌帶以後，做一些速度由慢至快、強度從小到大的運球、上籃及簡單配合練習，為正式訓練作好全面準備。單手舉球，轉動球，左右手交替練習，保持球在手中轉動。注意並不是一個手指轉動，而是整個手都要轉動。

練習 3

　　一手拋球，另一手接球，球飛行的路線要從頭頂經過。拋球時，手指和手腕有「抖」的動作，要找到手指、手腕「抖」的感覺。接球時，手腕要柔和。

練習 4

　　用右手（或左手）將球從背後拋到體前。可用原手接球，也可用另一隻手接球，雙手交替練習。球可越拋越高，但要注意完全由手腕來控制球，身體要放鬆，千萬不要緊張。

練習 5

　　用右手（或左手）將球從背後拋到體前，用同一
隻手接球，雙手交替練習，注意完全由手腕來控制
球，身體要放鬆，千萬不要緊張。

練習 6

　　雙手從體前拋球，背後接球，然後雙手從背後拋球，體前接球，反覆做。注意不要用眼睛看球，完全憑感覺來完成這個練習。

第 7 章 熟悉球性練習

練習 7

　　這個熟悉球性的練習要做到球手一體，感覺球已成為身體的一部分。練習者手控制球，手臂向身體內側旋轉，用手指和手腕控制球（球像黏在手上一樣），前臂以肘關節為軸向內旋轉後向上伸直。身體要放鬆，逐漸加快動作速度。

練習 8

　　這還是一個球手一體的練習。雙手在兩腳之間前後拋接球，然後用交叉的方式拋接球，球不能落地。練習球與手的感覺，肩膀要放鬆。

練習 9

　　將球圍著脖子、腰、腿繞，這也是球手一體的練習，我們把它稱為「三環」練習，脖子上一環，腰上一環，腿上一環。

練習 10

　　腿下繞 8 字練習。練習時要有節奏，從右向左及從左向右兩個方向在腿間繞 8 字。

第 7 章　熟悉球性練習

練習 11

　　換腿繞球練習。按照雙腿——單腿——雙腿的順序重複做換腿繞球練習。這個練習的主要目的是練習球與手的感覺以及腿與手的協調性。

第7章　熟悉球性練習

練習 12

　　雙手交替前後「點」球練習。雙手體前交替擊球兩下，然後雙手移到身後再交替擊球兩下。這也是球與手的感覺和身體協調性的練習，要注意運球的節奏感。

練習 13

　　貼地運球練習。這種運球不同於普通的運球，只是用手指和手腕的力量「點」球。由於球彈起的高度很低，如果手指力量不是用得恰到好處的話，球就拍不起來。先單手做，也可雙手交替做，還可在背後運球繞到身前，或在兩腿之間左右手交替做。

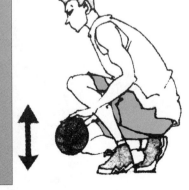

練習 14

　　運球換手：用右手持球繞右腿半圈，左手在前、右手在後，反彈之後，右手在前、左手在後交替運球。反覆做。左手繞左腿的運球動作也相同。目標是在 30 秒內做 30 次以上。

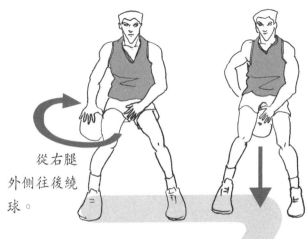

從右腿外側往後繞球。

左手從兩腿中間繞至後方，以兩手接反彈球。

在一次反彈之間兩手的位置交換。

右手從雙腿中間繞至後方，以兩手抓球，然後右手從右腿前繞至後方。

練習 15

　　快速1～2次低運球：兩腿分開，在身前左右手各
1次運球，使球從腿中間反彈至身後，並在後面用左
右手各做1次運球。慢、快速運球，反覆練習。目標
是在30分鐘做75次以上。

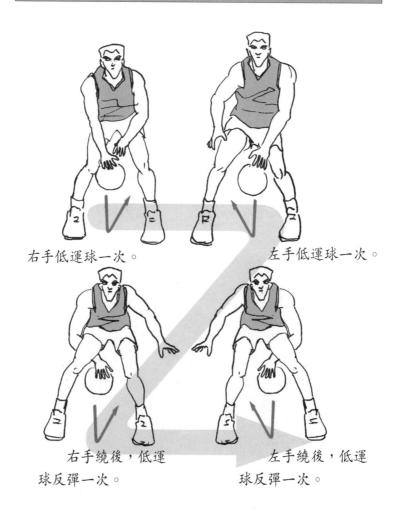

右手低運球一次。

左手低運球一次。

右手繞後，低運
球反彈一次。

左手繞後，低運
球反彈一次。

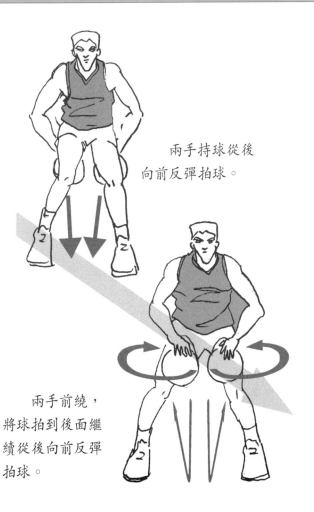

第 7 章 熟悉球性練習

練習 16

　　兩球穿過兩腿中間：兩手各持一球。在兩腿間從身體後方向前方同時反彈拍球，兩手繞至前面接球。把接住的球快速繞至後方，再次從腿中間向前反彈拍球。反覆練習，以達到能不看球快速敏捷運球的目的。

兩手持球從後向前反彈拍球。

兩手前繞，將球拍到後面繼續從後向前反彈拍球。

第 7 章 熟悉球性練習

練習 17

　　兩球繞腿運球：兩手各持一球，使右手的球從腿的後方往前反彈，右手繞前接球。右手接球的同時，另一隻球從腿後往前面反彈，左手繞前接球。與優勢手（一般人都是右手為優勢手）相反的手容易失誤，所以，要努力達到不看球也能隨意以球畫圈的目的。

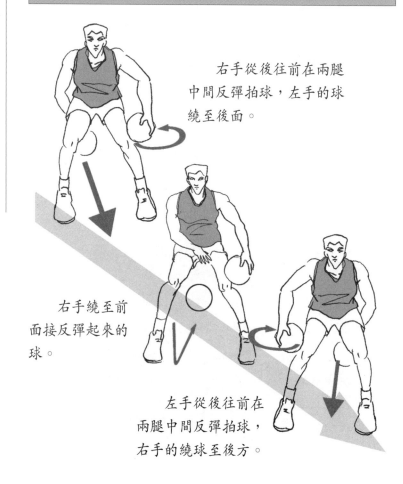

右手從後往前在兩腿
中間反彈拍球，左手的球
繞至後面。

右手繞至前
面接反彈起來的
球。

左手從後往前在
兩腿中間反彈拍球，
右手的繞球至後方。

練習 18

　　單手胯下運球練習：只用右手控制球的練習。右手從後在兩腿中間拍球，然後繞至前面接球，反覆練習。也可換左手進行同樣練習。目標是在 30 秒內做 45 次以上。

右手從後在雙腿
之間拍一次球。

右手繞至前面接球，
並「吸」至後面。

練習 19

8字形快速運球：隨便從哪隻手先開始練都可以，繞兩腿周圍8字形運球。開始時慢慢低運球，然後逐漸提高速度，口中數 1、2、3 的節奏，逐漸加快，反覆運球。目標是在 30 秒內做 10 次以上。

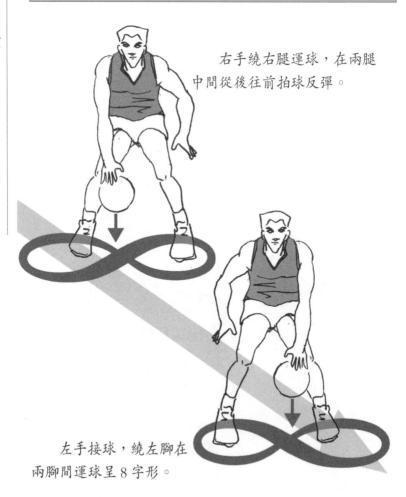

右手繞右腿運球，在兩腿中間從後往前拍球反彈。

左手接球，繞左腳在兩腳間運球呈8字形。

練習 20

　　兩腿外側和胯下兩次運球：右手持球，在右腿外側向後方運球一次，右手往後繞，在兩腿中間用左手接從後面運到前面的球。左手在左腿外側向後方運球一次，左手繞至後面，在兩腿中間從後往前做一次運球，把球交至右手。

右手繞至身後在兩腿中間拍球，用身前的左手接球。

右手在右腿側向後方拍球。

左手繞至後方，在兩腿中間拍球，用前方的右手接球。

左手在左腿側向後方拍球。

1998 年 NBA 總決賽第六場比賽終場前的制勝一投

中鋒（Center）：通常都是隊中最高的選手，或者是首發陣容中的核心隊員，他通常都是蓋火鍋、搶籃板和得分能手。帕特里克・尤因、大衛・羅賓遜、沙克・奧尼爾和阿朗佐・莫寧都是出色的中鋒。

　　大前鋒（Power forward）：兩名前鋒中的一個，通常以搶籃板和防守為主。卡爾・馬龍、霍勒斯・格蘭特和克里斯・韋伯都是出色的大前鋒。

　　小前鋒（Small fowarel）：前鋒中的一個，小前鋒常以其出色的得分能力而聞名。當然，他們不一定身材比較矮小，但小前鋒一般都比較擅長投籃得分，但在搶籃板球和防守上略遜一籌。格蘭特・ 希爾和斯科蒂・皮篷都被認為是很好的小前鋒。

　　得分後衛（Shooting guard）：場上兩名後衛中的一個，通常是全隊進攻的核心。「飛人」邁克・喬丹就是一名出色的得分後衛，雷吉・米勒、萊切爾・斯普雷威爾和約翰・斯塔克斯等也都是得分後衛。

　　組織後衛（Point guard）：通常是隊中的控球手，他領導和組織進攻，將球分給隊中的得分手。凱文・詹森、約翰・斯托克頓和加里・ 佩頓都是 NBA 中最優秀的組織後衛。

　　第六人（Sixth man）：通常指隊中的第一替補。

　　板凳（Bench）：是教練和替補隊員在比賽時坐的地方。當說「板凳隊員」時，意指其為替補隊員。

選秀（Draft）：NBA 一年一次選拔新人的儀式。

選秀排位（Lottery）：這是 NBA 選秀大會上抽籤決定各球隊在第一輪挑選隊員時次序排列的方法。

後場（Backcourt）：通常是指後衛。形容一支球隊有很出色的後場，便是指該隊有兩名出色的後衛。

前場（Frontcourt）：通常指前鋒和中鋒。

半場（Halftime）：上、下半場的分界線，每半場各由兩節 12 分鐘的比賽組成。球隊通常在半場時交換場地。

3 秒區（Lane，也稱 Paint）：籃球場地規定區域之一。在場內從罰球線兩端，畫兩條距端線的中點各 3 公尺處（從外側量起）所構成的區域。進攻隊員在這一區域內停留不得超過 3 秒鐘。該區域通常被塗上與整塊場地不同的顏色。

進球數（Feild goal）：對兩分球或三分球的總稱，但不包括罰球。

犯規（Foul）：籃球運動比賽規則之一。在比賽中一名隊員侵人犯規（即因衝撞造成的犯規）和技術犯規不得超過 5 次，一旦超過 5 次，就會被罰下場，由其他隊員替補他上場。

技術犯規（Technical foul）：指因技術錯誤造成的犯規，包括漠視裁判勸告，與裁判談判沒有禮貌，或對對方隊員不尊重或故意延誤比賽時間等。

罰球（Free throw）：比賽中對球員犯規的一種判罰。被犯規的球員在罰球線後在不受阻礙的情況下投籃。一般每次投籃兩次，罰中一次得一分。

24 秒規則（Shot clock）：指場上控球隊員必須在

24秒內投籃出手，如不投籃出手，判為違例，判由對方球員在將近邊線擲界外球。

加時（Overtime）：雙方在比賽的48分鐘內打成平手時，通常再加時5分鐘來決出勝負。一場比賽的加時次數可以無限制，直到雙方分出勝負為止。

跳投（Jump shot）：俗稱「砸眼」，投籃技術之一。因跳在空中出球投籃而得名，可與傳球、突破和假動作相結合，可在原地、進行中突停，面向和背向籃筐下運用，中、遠投運用尤多。

扣籃（Dunk）：投籃技術之一。運動員跳起，單手或雙手從籃圈上面直接將球裝入籃筐，是一種高難度的投籃動作。

單腳轉身投籃（Pivot）：指當一名球員持球後，一隻腳可以前後左右轉動尋找時機轉身投籃，而另一隻腳一直釘在原地不動。

三不沾（Airball）：球員在不讓球接觸到籃筐任何部位的情況下投籃命中，人稱「飛球」，也叫「三不沾」。

籃板球（Rebound）：指比賽中投籃不中時，雙方隊員爭奪從籃板或籃圈上反彈起來的球，是一個球隊攻防戰術的重要組成部分。

快攻（Fast break）：籃球運動戰術之一。防守隊轉入進攻時，以最快的速度，在對手立腳未穩時爭取以多打少。要求全隊在由守轉攻的瞬間，密切配合，將球傳到前場，通常進攻一方在投籃時可佔有一人或兩人的優勢。

空中快傳（Alley-oop pass）：球員在跑向籃架時將球傳出，接球者在空中接住籃球，或者將其直接放入籃

筐，或是將其直接加入籃筐。

　　地板傳球（Bounce pass）：一名球員將球傳給另一名球員時，球是通過在地板上滾動完成的。

　　助攻（Assist）：當球員將球傳出後，接球的隊員可以直接運球至籃下投籃，這一傳球便稱為助攻。

　　掩護（Screen）：籃球運動進攻基礎配合之一，是進攻方對付人盯人防守的基本方法。指進攻隊員採取合理的行動，用自己的身體擋住同伴的防守者的移動路線，使防守隊員不能達到理想的位置，從而使同伴擺脫對方防守的一種配合。

　　搶斷（Steal）：指防守隊員將球從進攻隊員手中斷下或者是攔截傳球。

　　失誤（Turnover）：指隊員將球誤傳給了對方球員，或因技術動作不對不慎被判違例，使球變成由對方球隊控球。

大展好書　好書大展
品嘗好書　冠群可期

大展好書　好書大展

品嘗好書· 冠群可期